JN438617

그림쟁이의 시와 그림

산마르코 종소리

그림쟁이의 시와 그림

산마르코 종소리

김영규 作

다시올

■작가의 말■

늘 그리워서 그립다

보랏빛 들국화에 잠자리 앉으면 왠지 그립다.
귀뚜라미 울음소리 귀에 들리면 더욱 그립다.
억새의 하얀 손이 하늘을 날면 사무치게 그립다.

지붕 위에 보름달이 박처럼 매달리면 왠지 그리워
밤하늘에 별들이 반짝이면 더욱 그리워

창문 너머 어슬렁거리는 그림은 어느새
내 맘에 들어와 이미 시가 되어 이 가을
더욱 사무치게 한다.

아! 가을에는
그대 향한 몸짓을 화폭에 담으며
그대 향한 글을 쓰리라.

2013년 9월 마지막 날에
김 영 규

■ 차례 ■

1부 봄

2부 여름

3부 가을

4부 겨울

5부 해외

1부
봄

봄

봄은 언제나 그대와 함께

미풍의 여인이여
그대의 몸과 마음은
창가에 부서지는 봄바람의 훈풍같이
가슴에 촉촉이 파고든다

고운 자태, 화사한 웃음
꾸밈없는 머리에
봄의 화환을 쓰고
내 곁으로 달려온다

젖은 머리카락 흩날리며
풀어헤친 옷자락 사이로
봄의 향기 숨바꼭질하며
보일 듯 나올 듯 얼굴 내밀며
임 향한 웃음 흩날린다

봄은 사랑과 더불어서 환해지고
행복의 나래 펴고 선해진다
부드러운 여인의 속살처럼
봄에는 부드러운 바람이라도
맞고 볼 일이다

정물

벚꽃 길

길가에 나란히 서 있는
흰옷 입은 오랜 세월의 자취들
분단장에 홍조 띠며
부끄러움 가슴에 안고
먼 길 온 손님들을 반겨 맞는다

섬진강 물줄기의 영향인가
쌍계사의 은은한 염불의 축제인가
하늘로 향하여 뿌려지는 꽃들의 춤
나그네 이마 위로 내려앉는다

한 방울, 두 방울
떨어지는 봄의 교향악
춤을 추는 봄의 화신들
흰 비단길에 수놓은 봄의 자락
한 걸음 두 걸음 밟으면서
덩실덩실 춤 추는 벚꽃 길은
화사한 웃음꽃이 어우러지는
봄맞이 무대의 축제의 길

시와 그림과 나

시는 마음의 거울
거울에 비친 내 모습
그 속에 또 다른 나
언제 시와 내가
한 거울 속에 공존할까

시는 내 생활
시와 함께 나들이하고
시와 함께 돌아올 때
또 다른 내가 성장한다

그림은 내 마음의 거울
내 모든 생각을 표현하고
내 사랑, 희망을 간직하며
늘 종종걸음으로 함께한다

시와 그림
그것은 내 마음속에
깊이깊이 감추어 둔
나만의 보물

자화

소녀

생과 사의 사이에서

오월의 잔디밭에 팔베개하고
하늘의 넓은 무대를 바라본다.
등을 통하여 스며드는 풀잎의 부드러움
옆에선 망자가 나를 본다.
삶과 죽음이 평화롭게 누워 있다.

하늘에 신비로운 조화가 펼쳐진다.
산 자에게는 하늘의 움직임이 아름답다.
망자에게는 시간의 흐름만 있을 뿐
보이는 것은 하나도 없다.

삶은 유有요 죽음은 무無다.
하지만 여긴 삶과 죽음이 공존한다.
삶에 흐르는 부드러움과 사랑스러움이
수의 한올 걸치지 않은
죽음의 무로 흘러들어 간다.

오월의 하늘
바람과 함께 생과 사를 공존시킨다.
가슴으로 다가오는 삶과
마지막 햇살이 등으로 들어오는 죽음이
몸을 비추며 서로를 확인한다.
삶과 죽음은 아름다움이라고

달콤한 휴식

고운 임 가시는 날

– 노무현 전 대통령 발인식에

고운 임 가시는 날
수많은 사람들 울리고
고운 임 떠난다
다시 올 수 없는 먼 길을

누구든 가야 하는 길이지만
먼저 떠나는 임은 언제나 밉다
희喜, 노怒, 애哀, 락樂 없는
저 먼 곳으로 혼자
먼저 간다

세상이 울부짖는다.
가는 임 발목 잡고 싶어서
가슴에 남아 있는 임의 모습
같이 보내 드리고 싶어서

하늘도 땅도 슬퍼하고
사람도 자연도 슬퍼하며
고운임 영원히 떠나간다
수많은 인연을 남겨 놓고
훌훌 홀로 떠난다.

법정 스님

님이 오르신 하늘
스님이 현신하신 듯
구름 한 점 없이 맑게 빛난다.

삼월의 봄눈, 법문을 외우듯
나무아미타불을 읊조리며 온 천지에
신의 사랑이 뿌려지더니
고운님 승복자락이 흩날린다

무소유의 마음으로,
일기일회 사랑의 말씀으로,
한 사람은 모두를
모두는 그 한 사람을 사랑하라며
도포 자락 휘날리며 대중과 함께했던
님이시여

나 오늘,
마음에 절 한 칸 지어놓고
관세음보살 경전의 깨달음
얻고 싶네

흰 보자기와 술병

고목

4월에 내리는 비

비가 내린다
사월이 추적추적 내린다

비에 젖은 어린 편백들이 싱글벙글
만개한 목련꽃들이 옹알옹알
가슴 조이며 자라고 있다
눈물인지 빗물인지 꽃잎 타고 흐른다

어디에서 오나,
마음속 깊은 곳에 비가 내린다
생명수인가 슬픔의 눈물인가
궁륭의 하늘, 그 끝에서 내리는가?

봄비도 아니고 여름비도 아닌
마음의 비가 내린다
비가 내린다
그대의 일상으로 건너가
새로운 세상이 열리는
사월에 비가내린다

겨울의 단상

사랑의 사계

봄날의 내 고운사랑은
꽃바람 타고 날아와
따스한 햇볕 아래서
꽃향기 흩날리며 피어나고

여름날 내 고운사랑은
쏟아지는 폭우처럼
광폭하고 거세게 부서지는 파도처럼
잃어버린 길 위에도 휘몰아치고

가을날의 내 고운 사랑은
부는 바람에도 오색 빛 무지개 서린
월광 소나타의 음을 따라서
향기가득 들국화에 뿌리우고

겨울날의 내 고운 사랑은
휘몰아치는 눈보라 속에도
온 천지를 일상으로 건너와
매일 아침 새로운 사랑의 보금자리

우리 사랑은 사계를 지나면서
천사들 노랫소리 가득한
푸른 하늘을 헤엄쳐
그대에게 이른다

바닷가 노래

등꽃

바람 잘 날 없는 세월
칭칭 꼬인 등나무

초록 잎 사이로 햇살 빛날 때
연등인 양 밝은 등불을 켠다

길게 늘어뜨린 청아한 자태
향기로운 꽃 내음

보랏빛 옷자락 여미어 안고
부푼 가슴 문설주에 기대어

하 오랜 기다림
먼 하늘을 바라본다

은은한 풍경소리
사방으로 번진다

1월의 신부

섬진강 사랑

벚꽃은 아직 만개하지 않고
꽃망울이 아롱다롱 맺혀서 더욱 정이 간다
저 아래 빨간 기와집

그 한 모퉁이 단칸방 얻어
당신과 한 달만 같이 살아 본다면
아직 덜 핀 벚꽃가지
꺾어 병에다 꽂아 놓고

내 사랑과 당신 사랑 합쳐질 때마다
한 송이 한 송이 피어서
가지에서 꽃이 만개하는 날 동안

섬진강 물줄기 우리 사랑 싣고
은물결 금물결 출렁이며
저 넓은 바다로 흐를 때까지
당신과 함께 살고 싶다.

한 달만.

그 대…

희나리 같던 가지에
아지랑이 피어오르듯
고요히 내려앉은
이 향기

어디서 왔나
내 가슴에
한 송이 상사화를
피워 놓은
그대…

봄바람에 실려 온
그대의 향내가
가득하다

봉곡사 계곡

까치 보금자리

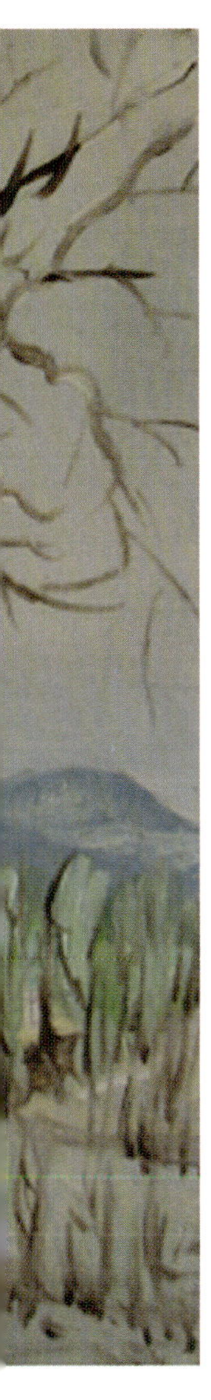

봄

누구일까
곱게 단장하고

메마른 속살 위에
살며시 내려온

가슴앓이의 허물을 벗고
나에게로 오는 사랑

누구의 입김인가.

아뜨리에

명경지수

하늘이 내려와
물 위에 펼쳐진다

흰 구름 떠돌다
하늘을 수놓는다

여린 연둣빛, 분홍빛 산도
내려와 그림 그린다

물방울 떨어진다
고요의 물 위로

단 한 번의 해 소리 없이
내려와 여운을 그린다

달이 뜨는 숲으로
사랑의 파문 오롯이 번진다.

아내

얼굴

하얀 꽃잎 너울너울
그대 얼굴

꽃잎에 날아와서
꽃 속에 들어와 앉았다

화사한 봄
그대를 질투한다

봄 햇살 닮은 그대
사랑하는 내 당신

여인

곱게 내린 단아한 머리
어둠을 닮은 안경테

반짝이는 검은 눈동자
오뚝한 콧날
굳게 다문 입

미소가 흐르면 섬진강 물이
반짝이며 노래하고

눈과 입이 닫히면
세상을 달관하듯
현실 건너 저 멀리 있고

가슴에 와 닿는 고운 마음
하나 둘 모두가 자기 일이라

여기에도 애달픔
저기에도 안쓰러움

넘쳐흐르는 마음의 정
모두를 감싸 안는

여인의 사랑과 정
여기 이 사람에게 있노라.

유토피아

봄의 향연

벚꽃

연분홍 고운 빛
꽃봉오리 마디마다
발그레 사랑 칠하고

어디에서 왔나, 이 환상의 세계
불어오는 바람에 살포시 고개 들어
세상 열리는 것을 놓치지 않는다

지나가는 먹구름
이슬방울 뿌려 주니
하루에 몇 번씩 길을 잃는다

어디에서 왔나, 궁륭의 하늘
연분홍 꽃 사연 안고
세상, 그 끝에서 오신 것인가

소녀(자영)

사랑과 영혼

내가 당신 만난 것은
하늘의 축복이었고

당신이 나를 만난 것은
아픔의 고통이었다

사랑에는
축복이 따르고
고통도 동반하는 것

떨어지는 꽃잎처럼
온 천지에 흩날리는
사랑의 파편들

어느 누가 모아주리
가슴으로 흩어지는 이 사랑을.

이슬방울

작은 이슬방울
풀잎 위에 고요히
앉아 있다

한 방울엔 내가
한 방울엔 그대 모습이 담겨
마주보며 빙그레
미소 짓는다

새벽길 바람에
풀잎 돛단배 출렁이고

스르르 미끄러져
하나의 큰 방울이 된다

아침 햇살이
무지개 고운 빛을
왕방울 언저리에 풀어놓는다.

창가에서

학암포의 아름다움

정동진에서

새벽 공기 가르며
힘차게 내달리는 기적 소리
떨어지는 빗방울
창에 비친 내 그림자
웅크리며 눈 크게 뜬다

호젓한 역사驛舍
동해 일출 보려고
흩날리는 빗방울을 머리에 이고
쌍쌍이 모여 새벽공기 마신다

들려오는 파도 소리
철석! 철석!
고운 모래 위에 안개비 내리며
해님은 구름 속에서
술래잡기를 한다

모래시계 둥근 모습
긴 사랑의 약속인 양
스르르 흐르는 모래 시계처럼
사랑을 노래한다.

2부
여름

태안 신진도에서 축하를

근흥면 신진도의 바닷물이 일렁인다
수평선의 아스라함 빛나는 태양 아래 졸고 있다
축하 비행 하는 갈매기와 수많은 배가 함께 춤을 춘다

파란 하늘 하얀 목화꽃 이부자리 펼쳤다 비릿한 내음이 코끝에 머무르는 시간

각지의 일가친척들이 모여들었다 외숙부님 생신을 축하하러,아니 옛사랑을 느끼고 싶어서, 진한 정을 되돌아보고 싶어서, 하얀 파도가 넘실거리는 신진도 작은 섬에 모여 어머니의 푸근함과 사랑을 느끼게 하는 이모님들의 굵어진 주름과 얼굴을 바라보며 내 어릴 때 등대가 되셨던 숙부님의 고고함도 느껴본다

오랜 세월 긴 삶의 터전에 머무르다 오늘 이 자리에 모였다.

사랑하는 이들의 가슴에 세월의 향기가 안개처럼 피어오른다. 세월의 흐름을 고이 안으신 어르신들의 얼굴에 사랑과 인정이 넘친다. 주마등같은 옛 생활의 그림자가 주르륵 쏟아져 내린다

사랑하는 모든 친척에게 인자스럽고 따사로운 모습으로 저 하늘 구름 위에서 미소 지으시며 내려다보시는 천상의 어르신들이 자손들의 화목함에 축복을 내려 주신다.

장미의 향연

화장대

어머니

열여덟 곱고 꽃 같은 나이에
얼굴도 보지 못한 남자에게 오시어
첫날밤 어슴푸레한 불빛 아래서
낭군님 얼굴 보셨던 어머니

곱고 가녀리며 아리따운 몸으로
앞산과 뒷산으로 갈퀴나무 다니시고
시집 식구 고양이 눈에 쫓기면서
어린아이 보살피랴 살림하랴
고추보다 매운 시집살이
하루도 두 발 뻗고 쉬실 날이 없었던……

자식들 학업에 모든 것을 걸으시며
모성의 강인함을 보이셨던 어머니의 깊은 마음
어렵고 힘들게 피워낸 일곱 송이 아름다운 꽃
이제는 홀로 여기저기에서 더 많은 꽃을 피워
화사한 모습으로 성장하여 먼저 가신 어머니 나라에
행복과 사랑의 연서를 띄우나이다
임의 사랑 언제나 영원하리라고.

■ 자식들의 교육을 위하여 평생을 바치신 어머니께 드립니다.

누드 1

망초꽃

가냘픈 몸매
연둣빛으로 살며시 감싸고
방긋이 미소 짓는 작은 꽃송이

화려하지도
아름답고 크지도 않고
홀로 있으면 너무 여린 꽃

소박하고 순수한 사랑 이야기에
하나 둘 모여 작은 동을 만들고
흰 동산에 옹기종기 엉킨 망초 꽃

은은한 달빛 소나타에
그들만의 은백색 축제가 열리면.
작은 사랑 두근거리는
큰 사랑의 역사를 그린다

흰 비단 자락이 곱게 펼쳐지고
빛나는 망초 동산의 정겨움
해가 지는 세상에 그려진다.

초여름의 밤

밤이 먹물처럼 고요하게 내려앉는다
베란다의 초록 잎들도 날개를 접고
살며시 꿈의 천사에게 자신을 기대어 본다

땀방울에 가슴 적시다가
모기장이 펼쳐진 방 안으로 들어가
네 활개를 펴고 드러눕는다
편안하다

벌레들이 모기장에 매달려 안간힘을 쓴다
기를 쓰는 날갯짓을 바라보자
내 입가에 어느새 고소가 흐른다

창밖에서 바람 소리가 흐느낀다
쏟아지려는 구름에 쫓기자 비가 대지를 적신다
까만 밤 어둠 속에 허물을 벗고, 광기를 부린다

누드 2

누드 3

비 오는 금광 호수

초록 가지 늘어져
호수에게 악수를 청한다
닿을 듯 닿을 듯 닿지 않는 거리

갈라진 거북 등을 어루만지다
빗방울 우르르 호수로 뛰어들면
수면 위에 비안개 피어오르고
마른 산들이 성큼 길을 나선다

앞산과 뒷산 또
산 너머의 산까지
물속에 들어앉아 목을 축인다

세찬 빗줄기가 수면을 흔들고
산과 물안개
한 폭의 수채화가 호수 위에 펼쳐진다

누드 4

어떤 인연

태풍이 몰아치듯
내 가슴에 불어닥친
회오리바람의 소용돌이
어느 날부터, 온몸
휘감고 맴돈다.

누군가를 찾아 나선
아련한 떨림이 파문되어
멀리멀리 퍼져 나간다
나만의 사랑을 찾아
큐피트 화살이 된다

폭우가 쏟아진다.
하늘이 보이지 않고
땅도 물속으로 잠긴다.
날아가던 화살 목표를 잃고
허공을 맴돈다.

등대에 불이 켜지고
어둠과 혼돈 바다에 뒤엉켜
방향 못 잡는 사랑의 파문
불빛 찾는다

누드 5

그 사람을 사랑한다면

가슴에 그 사람 이름을 새기고
그대 마음에 내 이름 서각하고 싶다

보고 싶어 하는 마음 늘 가득하고
그리워하는 맘으로 늘 함께하며
가슴 가득 향기를 전하고 싶고
하트 풍선 한 아름 띄워 놓고
그대 창가를 두드리고 싶다

그대의 사람 되기 위하여
얼굴에 분칠도 하고
그 사람 가슴에 들어가
온전히 그대만을 채우고 싶다

하여, 그 사람도 오직 나만
사랑하고 싶은 마음이기를

하얀 장미

아름다운 비상

–고 김대중 대통령 서거에

신안 앞바다 작은 섬
파도가 넘실거리고
갈매기 끼룩끼룩 노래하던 날

한줄기 서광이 어리고
빛과 어둠이 조화를 부리며
역사의 이야기 시작되었다.

이 땅의 무궁화 꽃이 활짝 피기까지
세월의 길 따라 수없이 넘나들던 사선
인동초처럼 하얀 비단길을 어루만지듯
이 땅에 민주와 평화를 국화처럼 뿌려 놓고
한반도 아래위를 쓰다듬던 임,
우리 가슴에 어른으로 남으셨다

떠나는 길, 눈물과 그리움이 고여서
임 가시는 구천의 드높은 곳까지
칭송의 메아리 영원하리라.

자화상

거울 앞에 서서 안으로 들어간다.
저 안쪽에 낯선 중년의 얼굴이 나를 바라다본다.
누구일까?

머리는 하이얀 서리로 장식하고
검은 얼굴에 세월의 긴 여로가 흐른다.
눈을 크게 뜨고 둘러봐도 주위엔 아무도 없다.

둥그런 안경을 통하여 바라보는 그대
미소도 아닌 부드러움도 아닌 공허가 흐른다.
누구인가?

세월이 거울 속에서도 내달린다.
지난날의 모습을 찾아보지만 말끔하게 지워져
곱던 피부의 윤기, 붉었던 입술, 생기로 가득했던 싱싱함,
거울 저편 투명하게 들여다보아도 들끓던 열정조차도
보일 듯 말 듯 나타나지 않는다.

거울 속의 중년 남자 저편 깊숙한 곳에
흘러간 시간 고이 묻고 물끄러미 바라다보니
속일 수 없는 세월의 모습 거울 따라 닮아 간다.
삶의 고통도 행복도 함께 뛰논다.

독서

누구일까

바람 소리도 없이
살며시 다가온 그대
누구일까

초록의 향기 가득한
산사에서 들려오는 종소리는
누구의 기원일까

흐르는 계곡물에
작은 돛단배 띄워
사랑의 연서를 보내는 이
누구일까

내 마음
온통 안개 속 헤맬 때
촛불 켜 들고
다가오는 이 누구일까

언제나 가슴 찌르르 울리며
사랑을 노래하는 그대는
누구일까?

누드 6

누드 7

내가 사랑하는 사람은

살며시 가슴 속에 들어와
내 마음 흔들며
언제나 마음을 열어 주는 사람

신체의 키보다 마음의 키가 부쩍 커서
나보다 자신을 더 사랑하는 사람

녹음방초 우거진 숲 사이에서
다람쥐를 발견하고 화들짝 놀라면서
귀엽다고 소리를 지르는 사람

망초 꽃 작은 꽃송이에 눈을 주면서
아름다워서 행복하다는 표정을 짓는 사람

언제나 내 곁에서 나를 바라보며
빙그레 미소를 짓는 사람

바로 그대!
바로 당신!

누드 8

사랑

잔잔한 파문
소리 없는 아우성
그 이름 사랑

이것은 무엇일까
기다림일까
아픔일까
행복함일까

누가 만들었을까
누구를 위해서 만들었을까
두 사람을 위해서
모든 이들을 위해서

사랑
그대 이름은
고귀하고 거룩하며
만인을 끌어들이는 마력이 가득

미움도 반가움도 아픔도
고통도 서러움도 행복도
사랑의 굴레

수련

햇살 곱게 내려앉은
해맑은 작은 연못
하이얀 드레스에
노오란 왕관 머리에 이고

분홍빛 홍조를 띤
수줍은 여인네들
긴 다리 맑은 물에 내려놓고
아침 햇살에 미소 짓는다.

녹색 연잎 위로 옥구슬이
데구루루 구르고
물속에 잠영하는 흰 구름
하늘을 끌어안는다.

떨어지는 이슬방울
놀라 뛰어오른 개구리의 다이빙
작은 연꽃 출렁출렁 흔들리며
하늘 향한 환한 미소

주변의 축하객들 바라보며
사랑 가득 행복의 노래 부른다.

누드 9

3부
가을

추경

쌍계사의 가을

곳곳이 가을이요
처처가 그림이라
바라보는 곳마다
가을이 영글어 쏟아지네

앞산의 꾸불꾸불 산길은
붉고 고운 가을 산을 향하여
오르는 흰 비단뱀처럼
산 위로 오르고 있네

대지로 하강한 노오란 은행잎은
땅과 하늘을 동시에 물들이며
동심의 세계로 달려가고 있네

지글지글 불판에서 가을이 익고
한 사발의 막걸리에 가을이 비치네

머리에서 발끝까지 추색으로 변한
사람들이 다리 건너 하나둘씩
가을의 품 안에서 나오고 있네

가을은 이렇게 모든 사람 가슴으로
빠져들어 가네.

설악산 천당폭포

낙엽

낙엽이 하늘하늘 춤을 추며
살며시 땅으로 내려온다
온몸에 갈색 분칠을 하고
팔랑개비 돌듯이 돌아서 온다

길가에 하나둘씩 모여서
대화의 광장을 만들어 간다
아직은 햇빛에 찬란하게 빛나는
추억의 황홀함을 간직하며

부는 바람에 온몸을 맡기고
이리저리 맴돌면서 지상으로
가을빛 색상을 만들며 내려앉는다
의자 위에도 내 어깨 위에도

수많은 사연을 간직한 채로
무언의 대화를 가슴에 품고서
팔랑팔랑 내려앉는 낙엽은
가을의 깊은 사랑을 노래한다.

낙엽, 비, 그리고 커피

창가에 살짝
바람과 비가 찾아왔다.
늦가을 손님으로
흩날리는 낙엽의 외투를 입고

진한 갈색의 커피가
향긋한 내음으로
손님들을 맞이한다.

갈색 코트와 커피 향기
바람결에 같이 뒤섞여서
늦가을 이야기를 나눈다.

진한 커피 향의 사랑도
갈색 낙엽의 추억도
비바람의 초겨울 손님도
모두가 철 지난 가을을 노래한다.

설악산 천불동 계곡

신록

아름다운 날

햇살 비가 곱게 내리는 날 오후
식곤증으로 눈이 살살 감기면서
편안해지는 마음이 살포시 고개를 듭니다.

사랑을 그리고 싶고
고운 꿈을 나누고 싶은
행복을 머릿속에 그리면서
오늘도 즐거운 시간이
하나둘씩 쌓여 가기를 바랍니다.

바람이 불어서
떠도는 낙엽 위에도
주인 없는 텅 빈 의자 위에도
고운 햇살 비가 고루 뿌려집니다.

이 행복, 이 사랑을
아름다운 날에
아름다운 사람에게
곱게 포장하여
전하고 싶답니다.

수면에 비친 마곡사 종루

남한강에서

강줄기 구불구불
허리를 비틀며 도도히 흐르고
여기저기 나룻배가 물결에 흔들리며
제철을 만난 청둥오리들의 수영장

철 지난 갈대의 흐느낌도
주인 잃은 정자도
강물에 제 그림자를 띄우며
물안개에 휩싸인 남한강을 수놓는다

신륵사 옆구리를 어루만지며 속삭이는
강물에 그려지는 초저녁의 어스름
멀리 건물들이 물속으로 조용히 가라앉는다
물안개 속에서 길게 그림자를 드리우며
강물에 누워 버린 긴 다리

고요 속에서도
강물은 포근히 그림을 그리며
긴 세월 말없이 흐른다
가슴속에 역사의 흐름을 가득 담고서.

행복한 기다림

기다리는 가을에

가을은 왔는데
그대는 오지 않네

가을비는 내리는데
사랑 비는 아니 오네

가을바람은 부는데
내 임의 바람은 불지 않네

가을이 슬퍼서 우네
시린 가을이 가슴 저리게 흐르네

갈대밭에 흐르는
달빛 머금은 사랑가는

흐르는 탱고 소리에
가슴 저미며 흐느끼네.

그대가 이런 사람이라면

이 가을에 그대가 있어 좋다
이런 글을 보낼 수 있는 사람이 있어 좋다

별다른 내용이 없어도 붉은 단풍잎 하나 붙여서 보내고 싶은
사람이 있어서 좋다

길가의 코스모스 한 송이 따 말려서 보내고 싶은
그대가 있어서 좋다

코스모스 꽃잎을 하나씩 건너뛰며 따 버리고 잠자리비행기처럼
던져서 돌게 하는 것을 보여 주고 싶은 사람이 그대였으면 좋겠다

만국기 펄럭이던 시골의 운동장에서 열심히 달리고 뛰놀던 시대로
초대하고 싶은 사람이 그대였으면 좋겠다

고추잠자리 한 마리 잡아서 사랑해 라고 써서 꼬리에 묶어 날려 주면
잠자리가 날아서 찾아가는 사람이 그대였으면 좋겠다

흐린 가을날에 편지를 보내고 싶은 사람
나만의 이야기에 심취한 사람이 그대였으면 좋겠다

이 가을을 전부 주고 싶은 사람이 그대였으면 좋겠다.

선운사 단풍

마이산 탑사 전경

그대가 있어 행복하다

먼 길 돌아온 내게
안식처가 되어주는
그대가 있어 난 행복하다

가던 길 가다 뒤돌아보며
길게 늘어뜨린 희미한 그림자
지친 발걸음 길가에 내려놓을 때

내 곁으로 다가와
지친 다리 두드려주는
그대가 있어 난 행복하다.

낙엽 흩날리는 가을날
오색 단장하고
꽃 구름 머리에 이고
살며시 다가와 속삭이는
그대가 있어 난 행복하다.

가을이 익어가는 이즈음
그대를 생각할 수 있기에
오늘도 난 행복하다.

코스모스의 유혹

코스모스

산들바람에
가는 허리 살랑이며
하늘 향해
미소 보내는 가을 천사

연분홍 화사한 얼굴
하이얀 피부
빠알간 심장
갈색 옷을 입은
가을 여인

그대의 웃음은 사랑을 담았고
그대의 눈빛은 달콤한 가을 향을 뿌리며
그대 흔들리는 몸짓은 가을을 휘어잡고
그대의 분위기는 사랑하는 사람의 마음에

낙엽의 주단을 깔고
파란 하늘 흰 구름 팔베개하며
가을꽃에 취하여 사랑에 빠지게 한다.

향일암 가는 길

낙엽

아지랑이 하늘대며 옷 벗은 누리에
여린 얼굴 내밀며 세상에 나온 그대

따가운 햇볕 농익은 녹색사랑 먹고
소나기 시원함에 하늘 향해 어깻짓한다.

서서히 물오르는 황금 들녘 바라보며
몸단장 끝내고 가을을 뽐내던 그대

이제 저물어 가는 마지막을 곱게 비치며
온몸을 웅크리고 길가에 내려앉아
시나브로 멀어지는 가을을 본다.

바스락 움직임의 소리와 더불어
지난 영화를 가슴에 품고
길가의 한 모퉁이
영원한 안식처를 찾는다.

거울속의 비너스

사랑의 파문

고요한 마음에
살며시 찾아든 사랑의 파문
끝없는 메아리를 부르며
환상의 세상을 노래하네.

고요한 마음에
출렁거림은
파도가 되고
해일을 만든다.

사랑에 빠지면
누구도 보이지 않고
오직 그 사람만
가슴에 요동을 치며

사랑은
영혼의 떨림이며
황홀한 무아지경이며
활화산 같은 불구덩이가 된다.

가을

비
낙엽
바람
그리고

커피
찻잔
바바리
긴 머리

기다림
고독
사랑
연인

가을이 가슴에서 탄다
내 사랑도 가을 속에서
한 잔의 청주가 된다.

공룡능선의 추경

금강산 만물상 추경

가을 연가

가을이 웃는다
내 가슴과
그대 가슴에서

가을이 운다
내 안에서
그대 안에서

가을이 피어난다
코스모스 꽃잎 위에서
들국화의 이슬방울로
소담스럽게 맺힌다

사랑이 가을 속으로 빠진다
한없이 깊고 푸른 곳으로

내 가슴 가득
가을이 들어와 노닌다
사랑이 그 안으로 들어온다
아름다운 내 사랑이.

설악산 주전골 추경

가을 비

비가 내린다.

하늘로 올라간
사랑이

빗물에 번지며
온 세상을 물들인다.

그대 가슴에
그리고
내 가슴에

연주암이 보이는 관악산

가을비 우산 속

그대는 아는가?

우산 속에
무엇이 있는가를

오후의 달콤함

안개

안개 속에 그림자 하나
하늘 높이 솟아 있는
외로운 솟대

돌아올 기약 없는
임 생각에 하늘 우러르며
보일 듯 말 듯
안개 속을 헤맨다

길가의 코스모스
안개 속에서
사랑하는 이 기다리며
너울너울 춤을 춘다

하늘에는 솟대
땅에는 코스모스
오지 않는 이를
한없이 기다린다.

가을

노오란
은행잎이
땅 위에 구른다.

햇살 가득 머금은
가을이
길 위에서 춤을 춘다.

사랑도
가을을 타고
내 가슴에 내려앉는다.

설악산 공룡의 추경

속리산의 가을 노래

세월

노오란 갈잎들
누구를 기다리다
온몸에 멍이 들었나.

사랑을 노래하던
젊음의 시간이
엊그제 같은데

소슬바람에
하늘거리며
길 위에 구르는 잎새

떠나 버린
애정의 그리움에
촉촉한 세월을 노래하네.

느림의 미학

들국화

연보랏빛 꽃잎들이
바위틈 사이에서
살며시 고개 들어
하늘을 본다

차디찬 이슬방울
꽃잎에 구르며
노오란 옷자락을 맴돈다

멀리 떠날 임 생각에
들국화 두 송이 꺾어서
괴나리봇짐에 꽂는다

한 송이는 내 사랑이요
또 한 송이는 임의 사랑

내 임 가시는 곳곳마다
사랑의 향기 가득하기를.

여인과 커피

그림이란

하얀 캔버스에 용솟음치는 욕망과
형형색색의 새로운 삶
내 가슴의 심장이 고동치며
사랑이 뿌려지는 생명이다.

내 가슴의 천둥소리와
삶의 아우성이 어우러진
꿈을 향한 도전이며
내 세계의 몸부림이다.

사랑을 그려내고
희망을 노래하며
희 · 노 · 애 · 락을 표현하는
분신이며 나만의 삶이다.

고요 속으로
저 깊은 심연의 세계를
아름답게 펼쳐놓은
인생의 축소판이다.

4부
겨울

아침 찬가

긴 어둠의 터널을 달려가는 밤의 기차는
꼬리가 보일 듯 말 듯 뒤따라오는
희미한 어둠의 터널 안에서
수많은 여운을 남기며 달려간다

멀리 여명의 시선이 터널 안을 기웃거리고 있다
지친 어둠의 열차는 언덕을 오르며 헉헉거린다
두 눈에 불을 켜고 두리번거리며 아침을 찾는다
터널을 지나 달리니 어둠의 품에 안긴 산 그림자가
두 팔을 벌리며 환호성을 지른다

등에는 붉은 주단을 펼쳐 걸치고
달려오는 아침의 전령사를 향하여
환영의 바람을 보낸다
흰 비단으로 멋지게 차려입은 바람의 전령사에게

땀과 피곤함으로 지친 어둠의 기차는
반겨주는 모든 이들의 정겨움에
서서히 그 속도가 느려지며 이마의 땀을 씻는다
검은 옷을 하나씩 벗으면서

어촌의 겨울

이제는 모두가 꿈의 세계에서 깨어나며
동쪽을 향해 커다란 기지개를 켠다
아침을 여는 만물의 활발한 생명력에
미소를 머금은 동녘의 불기둥이
방긋 웃는다
서서히 어둠의 기차는 검은 옷을
전부 벗어 버리고 머리를 풀고는
동녘 하늘로 높이 솟아오른다
지상의 모든 아름다움을 가슴에 품고
솟아오르는 태양의 찬란함에 박수를 보내며.

고향 가는 길

봄의 속삭임

고운 아침 햇살이 속살거린다.
깊은 심연의 바다에서
기다리는 새 생명의 잉태를
온 누리에 살며시 펼쳐 놓는다.

깊은 땅속의 모든 이들에게도
꿈틀거리는 삶의 새로운 도전을
훈훈한 입김으로 불어넣는다.
깊은 꿈나라에서 아직은 꿈을 꾸는
잠꾸러기들을 하나둘 챙긴다.

아주 부드러운 색조로
온몸을 감싸고 서서히 피어오른다.
삶의 향기와 생명의 신비로움이
서서히 대지를 밀어 올리며 모습을 보인다.

이제 하나둘 기지개를 켜는
부드러움을 가득 안고
서서히 우리 곁으로
하나둘씩 몰려든다.

봄의 아름다운 잔치판으로.

마곡사 종각의 설경

여명

짙게 드리운 어둠의 그림자
희미한 보름달의 환한 웃음 아래
배꽃처럼 온 누리에 새하얀 새벽 손님
간밤의 추위에 핀 서리꽃들

동녘 하늘의 회색빛 산 위에
붉은 하나가 떠오른다
회색의 실루엣 위에서
조금씩 조금씩 커지는 홍시

서녘 하늘의 둥근 보름달이
수줍은 듯 눈을 내리감고
그래도 환한 배꽃 웃음을 띠며
서쪽 산마루로 향한다

동녘은 붉은 홍시
서녘은 배시시 웃는 백자 쟁반
온 대지는 서리꽃으로 장식된 식탁
쟁반 위에 홍시를 놓아보면 어떠리
새벽하늘이 멋진 그림이 빛난다.

햇살 고운 날

고구마 꽃

봉긋한 언덕 위에 서 있는 작은 모습들
햇볕 따가워 움츠리고
쏟아지는 소나기에 얼굴을 돌리며
긴 새끼줄에 수많은 줄기 잎을
늘어뜨리며 옆으로 뻗어나면서

어느샌가 긴 시간의 흐름 속에
살며시 밀어 올린 연분홍의 봉오리
아침이면 부끄러워 고개를 숙이고
해님의 방문에 방긋 웃는 꽃

쟁반같이 둥근 모양이
아침에 피어나는 나팔꽃처럼
여기저기 밭두렁에서 미소 지었네.

평생에 한두 번 볼까 말까
고구마 꽃의 방문에 행운의 여신
가을 햇살에 살포시 미소 짓는
초록빛 사이의 붉은 보라 꽃들이
고개를 내민다.

나른한 오후

졸음이 살짝 눈꺼풀 위에
내려와 사방을 두리번거린다.
작아진 눈망울이 스르르
눈앞에 그려지는 달콤한 커피

창가에 스며드는 따스함이
오후의 나른함을 부추긴다.
흐릿하게 물결치는 실루엣들
멀리 꿈나라의 달콤한 유혹이

두 눈에
가슴에
머리에
서서히 스며든다.

무거워진 눈꺼풀이
껌벅껌벅
나른하고 평화로운 시간이
스르르 온몸으로 감싸든다.

양지

속초 동명항의 노을

석양

서쪽 하늘 주홍빛 태양
붉은 비단 자락을 깔고
곱게 단장하고 내려앉은
그 속에 아리따운 그녀 모습이 서려 있다.

어스름 저녁녘에
붉은 주단을 산 위에 두르고
홍조 띤 새색시 모습으로
사랑 노래를 부르며
저녁노을을 품에 안는다.

날 저물어 집으로 돌아오는
낭군님의 힘든 하루를
포근히 감싸 안으며
반겨주는 새색시의 수줍음이
노을빛에 반짝인다.

우리 집 마리

우리 집 작은 강아지 마리
항상 귀여움을 독차지하는
자그마한 시추 한 마리
집에 온 지 어언 7년여

주먹만한 것이 생사의 고비를 넘기고
집안을 놀이터 삼아 온갖 재롱을 다 부린다

눈도 짝짝이요
생긴 것도 못생긴 고집불통이지만
하는 행동은 너무나 영악한
우리 집 귀염둥이 마리

저녁이면 이 방 저 방 다니며
고루 사랑을 받으려고 아양을 떤다
겁이 많아 늘 구석으로 숨어들면서도
목소리 높여 짖는 건
사랑을 구하는 방법인가

어머니의 강 섬진강

집 밖으로 나가면 좋아서
온몸을 흔들면서 어리광을 부리다가
병원에 가는 길이면
벌벌 떨며 겁을 내는 못난이 마리

절대로 키우지 않겠다고 야단하더니
어느새 마리의 엄마, 아빠 되고
언니, 오빠가 되어
한 가족에 등록한 우리 강아지
오늘도 낮잠 자면서
가족들이 오기만을 기다린다.

겨울비

겨울비가
이슬방울처럼 내려서
나뭇잎과 대지를
촉촉하게 적셔 준다.

비눗방울처럼
물방울 하나하나에
아름다운 모습을 새겨 본다.

겨울비!
봄의 전령사로 온 걸까
하염없이 흩어지며

비단실처럼 고운 모습
사람들 마음에 행복을 전하며
방울방울 맺히는 물방울 낙수로 떨어진다.

나뭇가지에도 나뭇잎에도
내 가슴에도 촉촉이 스며든다.
사랑의 부드러운 겨울 실비가

금산사 입구 다리

흑산도 동굴 풍경

여인

희뿌연 안개 속에 어둠의 그림자 드리우고
머리에 방황의 상념 얹고 짙은 안개 속 걷는다

어느 날
가슴 깊이 감추어 둔 사랑의 보자기를 온몸에 두르고
한 걸음 두 걸음 어둠에서 나온다

세상의 따스함이 그녀를 어루만지고 하나둘 어둠을 벗긴다.
뽀얀 살결 너머로 감싸안은 앞가슴
부끄러움과 두려움으로 파르르 떨면서
한 잔의 술이 저 깊은 내면에
뜨거운 열기와 용기를 부른다

온 세상이 눈앞에서 펼쳐진다
어둠과 안개는 사라지고
희망과 사랑이 노래한다

마중 나온 햇살의 부드러움에
가슴 두근거리며 양팔 벌려 햇살을 안는다

온몸 구석구석 따스함이 스며들며
여인은 노래한다.

삶의 찬미를.

외암리 설경

첫눈

작은 꽃송이
큰 꽃송이
하이얀 눈 꽃송이

오선지 리듬 따라
마음껏 뛰논다.

하늘나라 선물인가
사랑의 춤사위인가

온 천지 잿빛 무대 위에
하얀색 소용돌이
나풀거리며 사방으로 흩날린다

어느새 오솔길에
소복이 내려앉아

눈길 떠난 여인네
온몸으로 사랑을 노래한다.

외암리 눈길

신묘년

토끼의 솜털 같은
하이얀 눈이 산과 들
마음에도 화선지처럼
아름답게 펼쳐진다

반짝이는 태양의 눈부심을
가슴에 가득 안고
신묘년은 일어섰다

향기 그윽한
삶의 울타리에
주어진 하나의 과제

하늘이 내게
떨어진다면
올해는 무엇을 할까

하늘을 받아보자
가슴에 하늘을 그리는
신묘년이 되어 보자.

5부
해외

히말라야 산맥

앞을 다투며 새하얀 산줄기가 달린다
형형색색의 복장을 한 사람들
모두가 바라볼 수 있는 산.

하얗게 소복을 하고 있지만
가끔, 붉고 영롱한 옷으로 스스로 자태를 치장한다.
콧수염이 멋있는 아저씨도
키가 크고, 하이얀 피부의 아저씨도
빨간 털 스웨터에 화사한 솜옷을 입은 아주머니도
모두가 쌍수로 환영하며
히말라야로 향하는 마음을 던진다.

모든 이들의 부러움과 사랑을 받으면서도
묵묵히 아름다움을 자연스럽게 보여 주는
히말라야의 산들, 조물주의 모든 사랑이
여기에만 모여 있으리라고
그 누가 생각했겠는가.

수정같이 반짝이는 수많은 별이 무리를 지어서
은하수의 띠로 설산을 감고 있는 모습이 신비롭다

보라!
이 장엄하고 성스러운 설산에서

안나푸르나(피쉬 테일) 일출 (네팔)

우리의 호연지기도 키우고
일상의 모든 일을 잊고

영롱하게 빛나는 아름다움을
우리 함께 영접하여
가슴에 품어 봄이 어떠리.

아름다운 성당 (러시아)

서호

일렁이는 파문
뱃머리의 시원함을 가슴에 장식하고
살랑살랑 노 저어가는 뱃사공의 콧노래
흥겨운 나그네의 더덩실 몸짓이야.

멀리 안개 속의 탑 그림자는
부처님의 자비로움 하늘로 공양하려는지
아련한 그림자가 물결에 일렁일 때

내 마음 건너편 뱃전
선남선녀의 잉꼬 같은 유희에
넋을 잃고 두고 온 사랑을 찾는다.

내 사랑 여기 있다면
오리무중 풍경 속에 우리 사랑 같이 띄워서
행복 속으로 빠져 볼 텐데

달빛이 교교한 서호에
은물결의 출렁거림 술 한 잔에 담아
나 한 모금, 그대 한 모금 나누어 마시면서
사랑의 노래를 부르고 싶다

황산을 굽어보며

모든 사람이 늘 칭송하는 산
다람쥐와 야생동물이 숨바꼭질하는
대자연의 커다란 품으로
자연과 인간의 향기로움을 내뿜는 산

황산의 아름다움을 목 놓아 부르면
향기를 머금고 되돌아오는 회음 벽
천길만길 아래로 내리닫는 봉우리며

고고한 자태를 노래하면서
바위 틈새에서 춤을 추는 천 년 송이며
골짜기 굽이굽이 돌아가는 계단의 춤사위가

보는 이들에게 천상의 황홀함과
지상의 신비로움을 전개하노라
멀리 밀려오는 안개구름의 춤사위는
진정한 황산의 무대를 장식하는
꿈의 세계를 펼치는 파노라마인가

야무나 강가의 타지마할 (인도)

갈고 닦은 바위며
천상의 세계에서 하강한
구름과 비와 안개와 바람 어우러짐이
진정 황산의 아름다움인가

바람에 실려 오는 향기 들이쉬면서
환희에 가득한 마음 천길만길 깊은
심산유곡에 이 내 사랑 이루어지길.

계림 이강 풍경 1 (중국)

노을 I

– 황혼의 색동저고리

하늘이 물들어 간다
단풍의 불그스레한 색으로, 은행잎의 노오란 색으로
하늘은 파아란 색, 구름의 하이얀 색들, 뭉게뭉게 뒹굴어서
형언할 수 없는 황홀한 색으로 석양이 물들어 간다

멀리서 바라보는 해님의 미소도 함께 어우러져 환상의 노을을 만들어 낸다
태양을 감싸 안은 흰 구름의 비단 자락도 붉게, 노랗게, 파랗게 물들며 동토의 땅에 꿈을 뿌린다

손을 내밀면 금방 악수 할 것 같은 태양
웃으며, 웃으면서 황혼의 비단 자락 너머로 숨어버린다
세상에 고요와 어둠의 신비를 선사하면서 서서히 귀가를 서두른다

쏜살같이 지나가는 비행기 꼬리, 순백의 향연으로 단장한 설산 속으로
누에고치 실 같은 그림을 그리고 지나간다

황혼의 무대가 거두어지는 서쪽 하늘로
흐려져 가는 노을의 자락을 부여잡고자
열심히, 열심히 달려간다.

– 터키 가는 비행기에서 바라본 황혼

톨레토 다리 풍경 (스페인)

노을 II

오후 8시 25분, 해는 숨바꼭질하려고
어둠의 저편으로 숨어 버린다.
이제는 붉은 비단 자락도 서서히
어둠의 나라로 초대를 받는다.

실날 같은 밝음이 서서히 어둠으로 가라앉고
아스라이 멀어져 가는 황혼의 나래들
텅 빈 하늘에는 어둠의 파편이
먹구름으로 변하는 공허만이 남는다.
아쉬움을 토하여도 노을은 스며든다.

이제는 어둠과 밝음이 교차하면서
꿈의 나라인 어둠이 솟아오르는 시간
아직은 아쉬움의 손짓을 하는 밝음이
마지막 사랑의 세레나데를 들려준다.
깊은 심연의 어둠 속으로 빠져들어 가면서

온 세상에 고요와 평화로움
사랑과 행복한 꿈의 나래를 펴도록
아직은 꺼지지 않는 마지막 정열을 번득이면서
저 멀리 지구의 끝자락에서 손짓한다.

* 터키 가는 비행기에서 본 노을

루체른 풍경 (스위스)

설산

눈이 미끄럼을 타며
고요 속에서 소리 없는 달음질을 한다
하늘에서 내려다보는 설산의 모습은
광활하고 아름답게 은세계를 펼친다

눈썰매 자국 같은
산의 능선이 사방으로 달려서
점점 깊은 눈 속의 나라로 들어가는데
한없이 이어지는 산과 눈들의
축제의 장은 어디에서 막을 내릴까

하이얀 고깔을 쓴 지붕은 세상의 사랑을
가슴에 품고서 솟아오르는
산맥의 우람함을 달래 주고
눈으로 단장한 모습이 더욱 화려하다

하늘에는 흰 구름이
그 아래 설산의 아름다움이
사랑을 나누는 연인처럼
다정하게 미소 지으며 바라본다.

* 터키 가는 비행기 안에서 내려다본 산

카파도키아를 보며

– 자연과 인간의 어울림에서

하늘이 놀라고 땅이 갈라지며 천지를 뒤덮는 화염이 솟구치고
어둠과 죽음의 사신들이 온 누리를 휩쓸고 지나간 자리에
세월의 인고가 어우러지면서 이곳에 신의 가호가 내리도다.

수십만 년 세월 어린 바위는 청년으로, 중년의 장군으로
온갖 풍파를 이겨낸 늠름한 모습으로 다시 탄생하였노라

보라! 이 장엄하고 숭고한 신비의 세계를,
인간 세상의 온갖 모습들을 표현하는 자연의 조화 앞에
우리의 가슴은 감탄과 경이로움이 북받친다

끊임없이 몰려오는 인파의 환호성에 부끄러움을 가득 머금고
살며시 뒤돌아서 반가움을 나누며 수줍은 아름다움을 보여주는
데블란트의 여인네들

웅장한 모습에 환호와 감탄을
여유로움과 넓은 포옹으로 감싸 안으며 하늘 향하여
더 큰 감사의 노래를 부르는 파샤의 영웅들

카파도키아 풍경 (터키)

인간의 삶과 자연의 조화 함께 어우러지는 영원의 장
소리 없이 외쳐 부르고 있노라

인간이여 위대하다! 자연이여 영원하여라!
자연과 인간의 사랑 노래 저 멀리 카파도키아에 울려 퍼진다.

* 터키의 카파도키아에서

파묵칼레 풍경 (터키)

파묵칼레를 보며

일말의 의구심으로 바라보는 파묵칼레
흰색의 향연이 펼쳐져 있다

대리석의 궁전이냐, 백설의 반란이냐
눈도 아닌 것이 얼음도 아닌 것이
목화 향기를 품고 우리를 반긴다

온갖 문양이 아로새겨진 흰색의 경이로움
수없이 많은 세월을 씻고 닦아 이루어진
물결의 파문, 영화의 한 단면

찬란하게 빛나던 시절
부귀영화 누리며 온갖 것으로부터
사랑을 받았던 파묵칼레!

하얀 천사도, 눈의 여왕도
물줄기를 따라 아래로 흘러가 연못이 되고
마을을 포근하게 안아 주는 양수가 되어
황홀한 눈을 비벼야 하는

누구에게도 사랑을 나누어 주고
다양한 모습의 사랑 베푸는……

이슬람 사원 풍경 (터키)

어르신들을 위한 사랑의 헌시

세월의 흐름이여 아름다워라
오늘이 지나가면 내일이 오리니 우리의 삶이란 영원하리라
삶의 빛나는 영화도, 생의 화려한 축제도 어느덧 오후의 석양이려니,
하지만 인생의 아름다움은 연륜에 있는 것

육신의 힘 넘쳐흐르던 젊음의 삶 서서히 세월의 흐름에 무르익을 때 내 삶의 아름다움은 빛나리라
내 젊음과 내 인생의 빛나는 시기에 아끼고 사랑하고 쓰다듬던 세월이여 이제는 내 가슴에 잔잔한 파문이 되어 내 식솔을 사랑하며 지난 아름다움을 느끼리라.

내가 사랑하던 사람은 언제나 내 곁에 있고
내가 믿고 의지해야 할 사람도 언제나 내 곁에 있으니
수백 년 수천 년이 흘러도 하늘의 청명함과
구름의 조화로움은 변하지 않는다

우리의 만남 영원하지는 못하지만 마음의 교감은 언제든 함께하리라
세월의 옷고름을 접으신 우리 선배님들의 늠름한 기상 우리는 배우고 공경하여
사랑하는 모든 사람에게 다시금 전하며 어르신들의 아름다운 발자취 같이 느끼며
고마운 마음 전해 보리.

* 터키 여행에 함께하신 어르신들께

성당이 보이는 풍경 (러시아)

고원의 나라 티베트

하늘이 열리고 신들의 조화가 깃든 땅
지구 상 가장 높은 곳 중의 하나
바위와 하늘과 구름이 어우러진 환상의 그림 도시

천천히 걸어라.
많이 먹지 마라.
서두르지 마라.
뛰어다니지 마라.
모든 것이 만만디인 나라

많은 긴장과 어지러움이 온몸을 둘러싸고
나른해지는 몸과 몽롱해지는 정신
늘어지는 육신에 머리를 가다듬으며
보아야 할 아름다움에 취해 본다

모든 것을 잊어야 하는데
아직은 가라앉은 기분, 무엇으로 상기시키랴
포탈라 궁, 죠캉 사원, 세라 사원
지금도 새로움을 준비하고 있건만.

* 라싸에서.

티베트의 기원

하늘 아래 뚝 떨어진 척박한 산야에
청정함과 싱그러움이 가득
모자라는 공기를 갈망하듯
사람답게 살기를 원하는 곳

바쁨을 모르고 여유로움 속에서
한 올 한 올 천을 짜듯 쌓아 올린 포탈라 궁
고통과 어려움에도 경배하는 꾸밈없는 사람들
그들만의 삶이 또한 경이롭다

오랜 세월의 전통을 지키고
그들만의 삶을 영위하는 원주민의 깊은 주름
모든 이들의 가슴에 내려 앉는다

하늘도 맑고 구름도 솜사탕 같으며
살아가는 사람들의 가슴에도 착함과 선함만이 가득해
행복함이 주르르 흘러내린다

삶의 고통도, 죽음의 소멸도
오직 하나의 소망으로 삶을 만들어 가는
그들만의 삶에 축복이…

라싸 포탈라 궁 전경 (티벳)

계림 이강 풍경 2 (중국)

칭짱 열차에서

하늘을 향하여 치솟아 있는 삼각뿔
하이얀 고깔을 쓰고
어깨동무를 하면서 달리고 있다

초록의 잔디가 널리 펼쳐지고
하늘은 꽃 구름이 수 놓여서
아름다운 무대를 장식한다

들판에
알록달록 짐승들이
여기저기서 노래를 부른다

구름 속의 설산도
신비의 세계로 우리를 이끈다
광활한 대지 끝에 병풍처럼
둘러신 산의 황홀힘.

* 라싸에서 서안으로 오는 칭짱 열차 안에서

백사산 풍경 (중국)

백사산

산허리를
구름도, 안개도 아닌 것이 휘어 감고 있으며
백학의 나래 펴고
눈앞에 있는 백사산

우아하게 펼쳐진 비단 자락
명경지수에 몸단장을 하고 나왔는지
드넓은 호수에 옷자락 적시며
구름을 희롱하는 흰 비단결 이구릉丘陵

우측에는 파미르 만년설
앞에는 명경지수 맑은 물
비단 살결을 지닌 아름다운

그대

* 중국 서역 카스에서 250km 떨어진 카라큘 호수 가는 길에

갠지스 강 새벽 풍경 (인도)

타클라마칸 사막

세상이 온통 황금빛
불어오는 바람결에
일렁이는 모래 물결

파도의 굽이침
작은 돛단배가 리듬을 타며
금빛 파도를 넘나든다.

구릉 속 신비의 문양들
여인네 속살처럼 빛나고
솜털처럼 부드러운 갈대 꽃잎
입술을 건드린다

하나 둘 따라오는 발자국
사랑의 그림을 남긴다.

카를교 가는 길 (체코)

천산 대협곡

하늘을 찌를 듯한 붉은 산
하얀 솜털의 예쁜 꽃
붉은 비단 무대의 신비로움
가리고 있다

사방을 둘러싼 병풍
다양한 무늬의 조각들
자연의 아름다움 그린다

무대의 막이 열리고
신비의 계곡으로 이어지는 줄달음
영원과 평안을 기원하는
염원의 신비로움이 나타난다

하늘을 향한 커다란 동굴
지키는 검정개의 충성과
수호신의 신비로움이여
파르테논 신전의 장엄함이여!

흐르는 맑은 물은
붉은 계곡의 생명수인가
하늘을 향한 수많은 손짓이
천산의 대협곡에서 하늘로 향한다.

황산

바람결에 흩날리며 올라선 산
발아래 수많은 산봉우리 줄지어 늘어서고
허공으로 다이빙하는 소나무들
곳곳에서 손짓하며 부른다

동굴 속 바위틈을 지나서 아래로 내려다보이는 배운정
이리저리 꾸불꾸불 내려가 먼 산을 바라보며 웃는다

저 멀리 서해대협곡의 비단뱀 같은 작은 길들
바위틈 사이 화사한 웃음으로 숨바꼭질을 한다

내려가도 올라가도 앞을 봐도 뒤를 봐도
버릴 것 하나 없는 자연의 신비로움
감탄의 열차를 달리게 한다

모든 이들의 바람인 연화봉 꽃봉오리 만나려고
거북바위 지나 수많은 인파에 길을 잃고 시간을 잃고
그래도 내려가고 올라가며 뒤돌아보는 계곡의 인파
지옥과 천당을 연결하는 구원의 다리
매달리는 수많은 인파가 세상의 한 면을 보여준다

앙쿠르와트의 황혼 (캄보디아)

꾸불꾸불 빙글빙글 돌면서 오르는 연화봉은
사방을 품에 안고 수많은 자연의 그림을 그린다

황산의 주인장 연화봉 정상에서
염화시중의 미소를 띠며 황산의 찬연한 풍경에
행복한 미소를 날린다.

장가계 풍경 (중국)

삼청산

하늘을 향한 케이블카의 질주
허리를 잘라 만든 길목 청록색 숲들이 반기고
얼굴 부풀리고 반기는 코브라 바위

오를수록 웅장한 바위의 기세
한 폭의 그림이 된 원앙바위
계곡으로 날아 내린다

안개구름 산마루에서 춤을 추며
이마의 땀 닦으며 인사 받는다
환영의 행렬을 이룬 인파들에게

서해의 웅장함과 아득함
꾸불꾸불 뱀 같은 계단을 올라와
부딪치고 부대끼면서 하늘로 오르는

넓고 웅장한 산야의 발아래 펼쳐진
오작교 다리의 신비 사랑으로 거닐며
수많은 사람들의 연모의 정 키워주고 싶은

저 수많은 봉우리

이구아수

도도히 흐르는 이구아수 강물
세상을 삼켜 버릴 것 같은 웅대함이
아래로 떨어져 내리며 물보라를 펴고

오색 무지개 하늘에서 내려와
폭포를 연결하는 오작교
현란한 물안개 속에서 빛난다

거대한 흡입력으로 빨아드리는 강물
온 천지를 경동시키는 폭음과 물보라
악마의 목구멍이 되어 물안개로
계곡 아래 내려앉는다

천지에 물줄기 사방에 흘러내리고
천상에서 지상으로 흰 비단 펼쳐
그 웅장함이 하늘에 닿는다

정靜에서 동動으로 바뀌며
온 세상 삼켜 버릴 듯한 물 폭탄
사람들의 경탄 소리 들으며
밀림사이 아래로, 아래로
쏟아져 내린다

톨레토 풍경 (스페인)

빵산

– 팡데아수카르에 오르며

수많은 인파와 더불어
케이블카의 첫 도착지 리우의 명물
우르카 언덕이 반겨준다
여기저기를 보아도 탄성이 나오는데
케이블카는 정상을 오르라 한다

원뿔꼴 바위산 정상
내려다보이는 리우데자네이루
유려한 곡선 자랑하는 이파네마 해변

병풍을 둘러놓은 기기묘묘한 산들의 실루엣
저 멀리 코르코바도 언덕
예수님 상을 감싸고 있다

코파카바나 해변을 중심으로 펼쳐진
원형의 바다, 하얀 요트의 잠자리
금물결의 사랑을 받는다.

초류-마이산

여인의 곡선보다 더 부드러운 리우의 해변
건물 숲 속에서도 뚜렷하게 자신을 내보이며
희미한 안개 속에서 춤을 춘다

한 두 방울 몸을 적셔 주는 빗방울
넋 잃은 사람에게 환상을 뿌려 준다

고산 풍경

마추픽추

꾸불꾸불 산길 따라 희미한 안개 속을 지나서
흰 구름 먹구름이 노니는 곳에 우뚝 선 산봉우리

낭나귀 귀를 닮은 예쁜 봉우리 와이나픽추!,
태양 신전을 지키는 작은 봉우리
뒤쪽 비구름 노니는 또 하나의 봉우리
마추픽추! 인적이 드문 고지

인디오의 도시가 아른거린다.
와이나픽추와 마추픽추를 이어주는 능선 인디오 마을
하늘에서만 볼 수 있는 공중도시
인디오의 정교함과 자연의 오묘한 신비
내세를 믿으며 태양을 숭배하며 살았던
그들의 마을이 눈앞에 아른거린다

와이나픽추를 중심으로 우루밤바 강이 흐르고
안개와 구름다리가 연결되는 마추픽추 능선
파아란 초록 잔디 위에 뛰노는 갠지들의 평화로움
와이나픽추로 가는 외줄기 길이 보이지 않는 인디오 다리

흘러간 세월 속에 아직도 남아 있는 그들의 숨결
콘도르를 타고 날아간 인디오의 영혼
공중 도시 위에 펼쳐시고 있다.

강이 흐르는 풍경 (스페인)

하바나

낭만의 도시 하바나
낡고 찌든 건물에서
음악이 흐르고
그림이 춤추고

야자수 그늘에
춤과 노랫소리 들려오고
바닷가 파도에 실려
아름다운 풍광이 날린다

작은 골목에
헤밍웨이의 문학이 되살아나고
긴 담배 좁은 선술집의
향기로움 속에 사랑이 깃든다

길거리 악사의 음률에
가던 길 멈추고
어깨를 들썩이고 엉덩이는 실룩
무거운 분위기를 흥겹게 만들며
하바나의 정취가 무르익는다.

계림 풍경 (중국)

구채구

아홉 마을이 작은 골짜기를 넘나들며
만들어 놓은 구채구

바다의 이름이 산 위에 올라와 붙여진 장해(長海)
눈과 얼음이 그 빛을 덮었다.

다양한 물빛의 오채지(五彩池)
태양 아래서는 갓 시집온 새색시의 수줍은 미소처럼
산과 나무를 품고서 오색 창연하게 빛나는
녹색, 파랑, 검정, 남색, 하늘색
화려함이 물 위에 어렸다

골골이 흐르는 물소리는 새들의 노랫소리를 능가하고
떨어지는 폭포의 화려함 여기저기서 흰 비단 펼쳐 놓았다

빙벽의 차가움이 어우러지는 골골의 아름다움
바람 소리도 없는 골에 갈대의 화려한 노래
물속에 스며들어 일렁인다.

옥띠 푸른 선녀들의 향기
수중 깊은 골에서 하늘로 솟아오르고

물속의 나무 누가 손질한 분재인가
흐르는 물소리 자장가 삼아
아름다운 향기를 발하고 있다.

테베레 강
– 로마

바람결이 살랑살랑
그리움과 사랑을 싣고
테베레 강물 위에 춤을 춘다

어미 오리 새끼 오리
수초 사이 정답게 노닐며
아치형 다리, 테베레의 멋진 풍광
유람선 물 위에 미끄러지며
물결이 사랑처럼 일렁인다

그리운 사람 그대는 어데 있고
로마의 강가에서 나홀로
노래를 부르게 하는가.

조각배 모양의 분수 (로마-이탈리아)

꿈의 궁전 (체코)

오르비에토

산 위 성곽의 작은 도시
곤돌라를 타고 오르는
절벽 위의 성

두오모 성당의 화려함과
오밀조밀한 조화
그 거대하고 웅장한 모습이
구름과 같이 놀고 있다

이 골목 저 골목에
아름답게 핀 꽃들이
사람들의 눈길을 끈다

저 멀리 내려다보이는
푸른 초원의 마을들이
언제나 우러러보는
고도의 도시 오르비에토

시원한 바람 나그네의 마음 식혀 주고
각양각색의 집들과 오래된 예스러움
진정한 고도古都의 향기를 발한다.

* 오르비에토 성곽에서

나가르코트에서 본 히말라야(네팔)

피렌체

하늘 높은 곳을 향하여
우뚝 선 두오 모
수많은 종을 모아 놓은
조토의 종탑

기원의 줄서기 어디가 끝일까

가는 곳마다 성당, 교회
벽화의 화려함은
피렌체의 꽃

나그네 지친 걸음 이끌고
아르노 강변 잔디에 앉아
어느 커플의 즐거운 데이트를 보네

흔들리는 강물 위에
그림자 드리우는 멋진 풍경
한잔 술 내 맘으로
녹아든다.

강이 보이는 프라하 (체코)

당신이 그립다

당신이 그립다.
그대가 그립다.
보고 싶고 보고 싶어
그대를 그린다.

로마의 고풍스러움도
피렌체의 화려함도
당신의 그림자에 가려
내 눈에는 보이지 않느니

당신이 그립다.
나 홀로 어인 일로
강가에 앉아
당신을 그리워하는가.

당신이 그립고
그대가 보고 싶다.
피렌체의 정겨움을
그대에게 주고 싶다

안나푸르나 일출 (네팔)

피렌체의 꿈

도도히 흐르는 아르노 강
옛 영화가 어리어 있다

미켈란젤로 공원
바라보는 다리들이
피렌체 향기를 뿜는다

황혼이 물들 때
도시의 향기 서서히 내려앉고
밤 축제 열리는 베키오 다리 위
나그네의 마음에 싱그러운 그림
그려 넣는다

보티첼리의 비너스 탄생이
살아 숨 쉬는 피렌체
줄지어 수많은 사람의
가슴에 사랑이 흐르는 곳.

바르나시 화장터 (인도)

큐폴라 정상에서

피렌체의 가장 중심부
사람들의 마음을 이끄는 큐폴라 전망대
오르고 싶어 하는 이 너무 많다

천장화!
권선징악의 수많은 그림
오가는 사람 시선을 잡아끈다

눈앞이 환해 아래 내려다보니
피렌체 모두가 가슴에 스며든다
그대가 나이고 내가 그대일진대
저곳에 내 발걸음 이곳에 그대 숨결
출렁이던 곳

한 잔의 포도주에 낭만이 울고
사랑이 그리워지고 마음 느껴지는

피렌체여!

산마르코 성당 풍경 (베네치아-이탈리아)

산마르코 종소리

푸른 물결 출렁이는
곤돌라의 뱃머리
노랫가락에 춤을 추는
베네치아의 정오

성당의 종소리는
사랑을 일으키고
뜨거운 햇살은
금물결을 남긴다.

수많은 사람 오가는 베네치아
곳곳에 사랑의 세레나데가
꼭꼭 숨어있는 풍경

5년 전 향기 느끼며
내 마음 저 푸른 파도에
던져 보낸다.

* 산마르코 성당이 보이는 곳에서

두오모 성당

태양은 빛나고
첨탑의 치솟음은
많은 사람의 기원이 되어
가슴에 뜨겁게 밀려온다.

발아래 정경의 아름다움도
뾰족한 첨탑의 신묘함에
그 찬란한 빛이 가린다.

수많은 첨탑 위의 성인들
온 세상 고뇌를 가득 지고서
하늘 향한 기원은
인간 세상 오욕칠정을
하늘에 비는구나

두오모 성당 내부의 화려함도 웅장함도
사랑이라는 아름다움을 인류에게 전하고자 하는 것

첨탑의 그늘에서
오늘의 향기로움을
이곳 밀라노에서 느끼노라

* 밀라노 두오모 첨탑 아래서

이슬람 사원의 정경 (터키)

크레믈린 궁전 (러시아)

바닷가에서

출렁출렁 파도 소리
발아래서 들리고
저 멀리 수평선 위로
예쁜 구름 노니는데

파도를 가르며 달리는 보트
한가로이 돛을 달고
물결 위로 흐르는 돛단배

물 위에 내 사랑 던지면
그대 곁으로 간다고
파도는 아우성인데
사랑을 담아 던져 줄
빈 병이 없구나

하늘이 곱다
마음도 편안하다
내 사랑도 그리워지고 보고 싶다
파도도 나를 달래 준다

* 헬싱키 먼 바닷가에서

스페인 광장 가는 길 (스페인)

헬싱키 바닷가에서

5년 만에 다시 찾은 헬싱키
하늘은 높고 구름은 수를 놓고
바람은 초가을을 싣고서
온몸을 휘감아 돈다

추억 깃든 실자라인
바다 위에 우뚝 서서
그날의 흥겨움을 되새기게 한다

수많은 사람이 붐비는 시장
햇살에 반짝이는 왕궁의 금색
갈매기도 반갑다고 울어댄다

고운 바람결에 일렁이는
물결의 반짝임은
헬싱키의 마지막을 수놓으며
가슴에 피어오르는
사랑의 메아리를 다시금 부른다.

* 헬싱기 실지리인이 보이는 바다를 보며

천산 풍경 (중국)

명사산

천 년 신비의 월아 천을 품고
낙타들의 향수를 끌어안은 산

맑은 향기 흩날리며
소리 내어 사랑을 노래하는
신비의 산

유연한 곡선의 부드러움은
여인의 부러움을 안은 채
끝없이 펼쳐지는
산의 사랑 이야기

초승달
월아 천에 내려앉으면
누각 위에 흐르는
멜로디

그 누구를 위한
하모니인가.

우루무치

세상이 바뀌었다.
울긋불긋
향기로웠던 세상이 달라졌다

빛나던 눈초리
내려앉았지만
불어오는 바람은

인간 砂(사) 바람인지
쓸쓸하다 모난 세상
그곳에 핀 도시

여기서
또 다른 나를 바라본다
진정 난 누구일까

아무도 모르는 나를 찾는다.

프라하 시내 풍경 (체코)

장가계 보봉호 (중국)

남산목장

열기는 하늘을 찌를 듯하고
사막의 삭막함 조금씩 멀어지면서
도착한 새로운 곳

말들의 서성거림이 낯설던 곳
채찍 높이 들고 올라탄 말 위에서
바라보는 천산의 흰 눈이여

연둣빛 짙은 들판에 노오란 유채꽃
봄, 여름, 겨울이 펼쳐 있다.

말 잔등에서 흔들리며
바라보는 풍경의 아름다움을
사랑하는 내 임에게 전하고자
찰칵! 찰칵!

내 마음 가득 담고
유채꽃 향기 모으고
천산의 백설을 뭉쳐서
전하고 싶다

내 · 사 · 랑 · 에게

운무에 싸인 장가계 (중국)

숭산

중원의 한가운데
커다란 둥지를 틀고 앉은 산
태실산과 소실산.

안개와 구름으로
신비로움을 뿌리는 산
그 안에 자리한 소림사

많은 사람에게
호기심을 주는 산
숭산에 오르다.

태실산의 수많은 사당
향내 그윽한 신비로움
준극봉에 달하고

소실산의 수많은 바위
여인의 주름치마를
하늘에 걸어 놓았나.

찌를 듯한 그 기상도
천 길 낭떠러지의 아스라함도
소림의 자비로움을 품고 있다.

루체른 풍경 (스위스)

화산

하늘로 솟아오른
하얀 속살의 바위들
오르다 지친 케이블카
내려서 바라보니 오리무중

안개 속에서
살짝살짝 나타나는 아름다움이
불어오는 바람에
유혹의 손짓을 한다.

천 길 낭떠러지를
옆에 두고 서 있는 동봉
발아래 천군만마를 호령하고
공중제비 멋진 누각 눈앞에 서다.

장공잔도 좁은 길
발아래 온 산을 내려놓고
가슴속 환희에 가득할 때
남봉으로 밀려오는 안개

아스라이 걸어가는 서봉
칼바위 길로 이어지는
선의 매력을 어디에 비하리

수많은 사람으로 수놓은 북봉
올려 보는 산길이 아름답다.
흔들리며 춤을 추는 곤돌라
화산의 선경이 바람처럼 흩날린다.

성당 풍경 (체코)

루앙프라방

고도의 도시 루앙프라방
오가는 여행객들의 천국
강으로 둘러싸인

푸씨 산 오르는 길에
수많은 불상과 발아래 펼쳐지는
도시의 전경 아름답다

푸씨 산 황혼의 빛을 찾아
수많은 사람의 기대감이
서쪽 하늘에 걸려 있고
구름을 붉게 물들인 황혼
메콩강의 물결에도 출렁인다.

어스름이 내리면
강가의 거리는 불야성을 이루고
행복 가득한 축배 소리는
배를 타고 강을 건넌다

멀리서 기다리는 사랑하는 인에게로

꽝시폭포

– 루앙프라방

곰돌이 재롱 보며 오르는 길에
옥빛 물줄기가 흐른다

작은 물방울 흩날리며
이 골 저 골에서 모여든다

쏟아져 내리는 은빛 물줄기
거세게 곤두박질하는 곳
시원한 물속에서 노니는 인어들
다랑논같이 이루어진 작은 폭포
숲이 옥빛 물속에서 도란도란 거리자
연인들의 사랑 이야기
물줄기로 치솟아 오른다

비룡폭포 풍경 (백두산)

하롱베이 풍경 (베트남)

라오스 메콩 강

안개 자욱하고
먼 산의 희미한 그림자
흙탕물 흐르며 작은 물살을 만든다

바위에 꽂혀 있는 대나무
나룻배의 길잡이인지
고기 잡는 그물망인지
알 수 없이 펼쳐 있다

동녘의 하늘
붉은 구름으로 번지는
메콩강의 아침
배에서 환호성이 퍼진다

꼬리에 하얀 거품 물고서
메콩강 오르는 배
강의 황혼에 또다시 미소 띠며
변화무쌍한 경관 바라본다

사랑과 희망과 행복을 느끼면서.

Kim Yeong Geu

다시올시선 011
산마르크 종소리

초판인쇄 2013년 10월 10일
초판발행 2013년 10월 15일

지은이 | 김영규
발행인 | 김영은
편집장 | 박지혜
펴낸곳 | 다시올
출판등록 | 제 310-2007-00028

우편 | 139-050
주소 | 서울 노원구 월계동 382-55
전화 | 070-7431-5941
팩스 | 031-855-5941
메일 | maxim3515@naver.com

ISBN 978-89-94414-41-6 03810

정가 15,000원